JN411298

박부덕 시선집

세월을 깁다

오감도

세월을 깁다

지은이 • 박부덕

펴낸이 • 강옥현

주　간 • 양재일

발행처 • 도서출판 오감도

초판 인쇄 • 2024년 4월 30일

초판 발행 • 2024년 5월 8일

전화 070-7778-2591 010-3206-2591

팩스 (031) 775-0161

출판 등록일 • 일제 10-1651(98. 10. 15)

서울시 중구 을지로3가 268 유일빌딩 604호

ISBN 978-89-5698-430-8 03810

값 10,000원

※ 이 책은 한국예술인복지재단의 지원을 받아 제작되었습니다.

시인의 말

고향길 가면
또랑물 따박솔 없어졌지만
가끔은 꿈에서 고향 친구들과 놉니다

어둠이 노을을 삼키는 해거름,
어여 집으로 가라고
하늘의 실달이 조무래기들을 떠밀면
울 엄니, 하늘에서 내려와 나를 보듬고
얼음 박인 내 손 잡아 당신 겨드랑이에 끼네

지나온 길 돌아보면
당신께 웃음 한 번 드린 적 없는데
당신은 아직도 이승길 오가며
오매, 내 강아지
혀로 핥아주네

1

2

3

4

5

1

당신의 목소리

인자 오냐?
밥 묵었냐?

어머님 가신 지 십 년이 지났어도
귓가에 맴도는 어머님 목소리
정말 그립습니다

열일곱에 시집오셔서 모진 시집살이
눈물로 허기진 세월을 보냈습니다
낮에는 서투른 들일에
밤에는 힘든 다듬이질로
고운 옷 만들어 당신 가슴에 걸었습니다
새벽까지 기다리는 외로움을
자식이란 정원에 다듬이로 꾸며온 어머니

오늘도 못난 저를 지켜보고 계십니다
어머니 당신은 가셨지만

아직 저는 보내드리지 못하고
가슴에 깊이 꼭 담고 있사옵니다
어머니, 그 따스함도 그대로입니다
어머니, 거기도 추우시지요
인자 오나, 밥 묵었냐?
내 가슴에 살아있는 영원한 사랑입니다

눈 위에 시를 쓰는 사연

뭉쳐놨던 짐 털어내고
홀가분한 잰걸음 언제나처럼
미행하듯
그림자로 따라온 그대

손타지 않은 그대로
건들기 힘든 부재 속의 삶
어느 지점에서 마주칠 것 같은
예감으로 건네

눈꽃 같은 세월에
쉽게 진 꽃술처럼
노숙된 발자국 지워질까
조심조심 깨금발 지네?
풀린 그리움으로
물이 되어 흐르네

꽃눈을 밀어낸 순정으로
세며 세며
안 돌아본 듯 뒤돌아보다
마주칠 것 같은

그런 저림의……

덧칠

찬 바람에 까칠한 손
거북등 활어감으로
아침저녁 유영을 한다

벽지를 마주 보듯
수없는 결빙의 세월
한 땀 한 땀 수를 놓고
마음보다 먼저 가던 손

때론 어긋나
오른손 아는 진실을
왼손이 거들지 못했던 자국들
맞부비며 달랬던 실타래로
굳은살 힘줄 자리 잡아주고

한세월 이어온 지금에사
어릴 때 봉숭아꽃 물들인다고

퉁퉁 부은 손 밤새 들여다보듯
매니큐어 다시 바르고
들여다보고

덧칠에 쌓인 얼룩
자꾸만 자꾸만

평일의 오버랩

서글한 귀밑머리
바람 베어 무는 햇귀 되어
말갛고 말간 부유로
밤낮없이 몸 부풀어
태풍을 마다않던 실오라기 여린 줄기로
얼마나 많은 상처를 삭였을까

댓궁 하나 짓지 못하고
내내
등 뒤에서 서성이다가
세월 떠낸 헐렁한 자리에
덧칠한 여울들
세고 세다가

돌아본 듯 안 본 듯
손사래 치면서

묵은 치부恥部 가리고

맨발로 달려 나갈까

되새김질

어제처럼 눈을 푼
색동들의 바람들
허물된 자락들의 난무 속
익은 날 빛으로
어떤 망설임도 구겨 넣고

하늘 닿던 소리로 익어갔던
세월의 편린들
전설 같은 미련으로
굽이굽이 돌아왔던
하 많은 새김질들

하루면 어떠리
백 년이면 어떠리
허리띠 풀 듯이
또 지고 지는 것을

떠밀려 빛나는 성에처럼
풀어진 응어리
다시 밀어 넣는
인생길

다시

막
비 그친 뒤
은방울 군단이 일렬로
서로의 영혼을 견주고
위태로움은 내 것이 아닌 양
배회하는 타인처럼
토란 잎 무게는 언제나 가볍다

밑으로 밑으로
속살 키우느라
발꿈치 닳은 줄도 모르고

푸른 잎 갓길에도 각이 서
잠시 잠깐도 눈붙이지 못한 시집살이처럼
세월 따라 두꺼워진 무게로
인연의 끈 쉽게도 내려놔

물이 되는 나그네로

다시……

리모델링?

연일 35도와 내 몸뚱이 36도로
병원 침대에서 한량 노릇 하다가
내 집이라 들어서니
문밖에서부터 휑하다

쓰던 양푼, 플라스틱 그릇
손때 진한 냄비, 칼집 심한 도마
오랜 세월 저장된 주방 기구
흔적 없이 사라졌다

어미 건강 생각해서
딸내미가 모두 버렸다나
지저분한 그릇에서 균이 오염된다고
어미 생각해서 효자 노릇 했다나
디지털 시대라 새것에만 의존이라니
(헌 것은 진짜 엄마다)

세월과 같이 익어간 헌것들
곳곳 생각나 눈 머물러도
속으로만 나무란다
'너희도 늙어 봐라'
어머님 음성 귓가에 겹친다

옛이야기

-그 집

성근 그늘도
잠시 내려놓는 허름한 흙담길
굴뚝 닮은 노랑부리새
종종 뛰다가, 걷다가
이리 갸웃 저리 갸웃
아는 이 찾을까 몰라

얇은 바람이 머물은
꿩 알 오소소 앉아있는 소나무골
빗장 없어 쉬이 찾아온 빈객들
헐은 문패 힘껏 품어 올려
조각난 거미줄 찍어봐도
한 줌 뿌려준 인심 간 곳 없어
삭은 발길 쉽게도 돌린다

노랑 부리 까맣게 익으면
곳곳에 숨겨둔 사연 싹틀라나

오가는 바람만 맨발로 바쁘다

소나무골 그 집엔……

비 오는 날의 행복

마구 흩뿌리듯
종일 비가 내리는 날은
깊게 묵혔던 갈증 풀어
누구든 그리워지는가

햇볕 따가움 접고
조근조근 가슴에 감긴 덤불 같은 거
행여 생강이 되는 날
인연일랑 훌훌 벗고
느긋이 건너고 싶으이다

마른 어깨 빗방울 간간이 젖어
가냘픈 목선까지 출렁거리면
쪽빛 추억 한 토막으로
구석구석 적셨으면 하여이다

차르르 흐르는 빗방울 따라

그대에게 가는 길 트이면

미련 한 조각 피어나려나

이렇듯

비 내리는 날에는

영원한 사랑

뽀얀 구름 보슬보슬
떡가루 피워 올린 회색 시루
길손들의 추억 끌어들인다

이맘때쯤
싸라기 묻힌 햇쑥
코끝에 매달린 쑥향
텅 빈 어머니 가슴
생솔가지 연기로 차고
쌀밥 투정 어린 시절
개떡 같은 쑥버무리
너울너울 풀어주는 이팝나무 *

아무 말 하지 말라고
맛있는 김 골목골목 허술한 대문에 머물고
아이들 입술 하얀 미소 범벅된다

빨리도

옛 사연 한 잎씩 날리는 전설로

바삐 끌고 가는

하얀 터널들

* 이팝나무 : 꽃말은 '영원한 사랑'

임자 없는 눈이 내리네

먼 길 돌아오느라
고운 자락 뭉그러졌는가
천 년 만 년 시린 마음
새악시 치맛자락으로
부끄러움 감추려 사뿐히 내리는가

세상의 모든 향기
첩첩이 쌓인 모래알 되어
바닷가 恨의 묷

떠돌이 바람쟁이처럼
마음 헤픈 아낙처럼
마구 퍼준 인심이여
길손들의 냉한 가슴 푸는 주막 등燈 속으로
등을 기댄 뱃고동 소리 녹여주는가

세월이 고여있는 임자도엔
잊혀진 임자를 만난 듯
임자 없는 눈이 내리네
숨겨둔 지혜로
나그네 마음 마구 쓸어주네

* 임자도 : 전남 신안군에 있는 작은 섬.

칠 일 간의 사랑

—야래향 앞에서

쥐눈이 방울처럼
종일 해 지길 기다려 어둠을 단다
지난 3 년 동안 어린 싹 틔워 식구 늘이더니
너울너울 속잎 싱그럽다

마디마디 숙성시킨 꽃망울들
"이제는 떠나가라"
둥지의 어미 말처럼
7일 간 향유로의 길로 서두른 채비
소멸의 준비조차 가장 화려한 순간들
자동펌프처럼 '탁탁' 활화산 터지듯
가장 진한 향기로 끌어올린 오르가슴
작은 틈새도 용서치 않는 본능
순간의 폭발 앞에 어떤 우주 공간에도
완연한 낮은 자세의 진한 포복으로 달랜다

키 작은 행복 하나 묻어두고 싶은 황홀함
그 앞에 영원의 승복을 받아내야 하는
불가사의를 꿈꾸며 모두를 평정한 채
급격히 최면에 걸려든다

눈길 하나 빠뜨리지 못하고
더듬거리고 있다
그 이름 아래서 혼비백산이 되면
말없이 무릎을 꿇을 수밖에 없다
한 올의 점으로
짧은 사랑 앞에……

하얀 기다림

그때쯤
꽃등이 시려올 때
무지개 너울로 몸을 풀었네

달무리 익을 무렵
계곡 같은 낯설음으로
촘촘히 엮어진 묵은 시간 앞에
붙박이가 되어버렸네

마지막 단추를 채우고서야
길목의 나그네로 선 줄 알았네

솜털 같은 날, 세면서
성근 별의 발목
박 속처럼 하얀 이랑
낯가림 눈이 떠졌네

망각을 구워낸
만삭의 달
하얀 길목 지키네
아직도……

비의 나그네

은방울로 엮어진 창틀의 가슴은 가볍다
머무를 짬도 없이 위험한 곳에서도
착지할 자리 찾지 않는다
마악 입을 연 푸른 잎 위에서도
스스럼없이 발 디딜 곳 가리지 않는다

잠시 잠깐도 몸 붙이지 않고
덜 익은 길쌈, 더딘 발일 가리지 않으신
어머님 모습
창틀에서 두 겹 세 겹 선명해진다

얼굴 맞부빈 시간 그리 짧아도
어느 한순간도 허술치 않고
비는 비대로
나그네 되어 길 떠남이여

허망하게 나뒹굴어진
헛디딘 디딤돌처럼
나그네 채비로
언제나 마음 내놓는

약속

그대가 그리워서
오늘도 올올히 서면
가슴에 엉키는 망울들
떨어지지 말자 하네
밀치지도 말자 하네

두 눈으로 품지 못한 사연
두고두고 우려내면서
속 깊은 곳 감춰두고
인연으로 엉키자 하네

이랑에 고인 그리움처럼
세다 만 세월
벌써 한 타래 되어가네

2

그때 황실이 맛을 아시나요

할머니!
이 작은 고기 이름이 무엇이지요?
꼬마 물음에 황실이를 손질하다가
잠시 손을 멈춘다

오뉴월 이맘때면
영산포 중앙동 다리 밑은
온통 크고 작은 배가 갯바람 싣고 와
항구 하나가 둥둥 떠다니고
멀미로 지쳐 뱃살 터진 황실이
바다 되어 좁은 골목까지 출렁거린다

오일파마 아낙네 양푼에는
인심까지 얹혀 뚝뚝 흘러내린다
냉장고도 선풍기도 없으니
빨랫줄에 꿰어 꾸득 꾸득 마를 때까지

나이론 파리채와 종일 씨름을 한다
하루해가 그리 길어 잠시 졸면
쇠파리 떼에 몸살을 앓는다
연탄불에 구운 몇 마리 구운 도시락 반찬은
요즘 인스턴트 식품에 그 쌈박한 맛 비할까
오늘 잘 다듬어 냉장고에 넣어두고
그리운 이 부르리

다듬잇돌

반쯤 열린
아파트 베란다 문틈 사이로
어머니 숨결이 아련히 피어올라
구석구석 뿌려지네

명절이 오면
좁은 윗목은 뉴똥 양단 자락 한 방 가득 부풀어
홍두깨에 눌린 자락은 밤새 찍어내는
인내의 화음에 시끄러워 귀를 막으면
"어서 자라
어서 자라"
지금도 귓가에 들리는 듯 타임머신을 탄다

외갓집 능주골에서
하루종일 이고 오셨다는 귀한 청석 다듬잇돌
한 음씩 올라가는 겸손으로

새벽별 달구어 가슴 채우시고
이승길 훌훌 떠나가시던 어머니

오늘도
세상살이 내려다보시며
못난 딸 지켜주시네

무죄無罪

한밤
어머니 손길에 가슴 뜨거워
널려 있는 어둠 조각 붙잡고 앉았습니다
오목 가슴에 치미는 봇물 같은 그리움
구멍난 돌멩이에도 빗방울 고이듯
삭아버린 가슴에 깊이도 박혔습니다

꽃상여 타고 떠나가시던 날
덴담 넝쿨* 삭힌 솜씨
황급히 앞장서 떠났습니다

토란나물 서너 번씩 간을 맞추면서
어머니를 부르던 철없는 메아리가
오늘도 구석구석 너불거립니다

홍두깨에서 풀려난
치자꽃 모시옷

흰 박꽃 되어 환한 미소로
빈방 가득 피었습니다
어머니!

* 덴담 넝쿨 : 가는 줄기로 바구니를 만듦.

살며 살며

꼭두새벽에 할머니는 물동이를 깍지 찌고
똬리를 입에 물고 사립문을 땄다
짙은 어둠을 데리고 발걸음을 죽였다
탱자나무 울타리에 물린 동네 샘은
언제나 몇 됫박만 고여 있었다
가뭄이 심하면 더욱 몸살을 앓았다
끄윽끄윽 긁히는 양철 두레박
허공에서 헛기침하는 할아버지였다
겨우 끌려온 반 동이의 황톳물은
할머니 마음을 더욱 슬프게 했다
물이 가라앉을 동안 일찍 돌아가신
할아버지 얼굴은 붉은 황톳물에서
긴긴 밤을 찬바람에 얼게 했다
할머니의 삶은 마지막까지 구멍난
두레박에서 닳아 없어졌다
살며 살며 샘물 한 바가지

퍼낼 수 있는 둠벙이라도
옆에 두고픔은
어릴 적 마음의
뒤늦은 과욕이런가.

실 뜨는 그리움

수줍은 햇살 안고
비늘구름 넘나든 창가에서
헐렁한 틀니처럼
까끌한 오랏줄로 밑기둥을 세우고
한 코 한 코 촘촘히 뜨는 손길
벌써 야트막한 툇마루를 넘는다

유난히 광대뼈가 나온 애둘이고모
실망태 들이대고 두 손을 팽팽히 벌리라 한다
자칫 놓치는 실타래에 웃음마저 엉켜
작은 호롱불 밑에서 책상보, 이불보가 되어
좁은 방안에 나풀거린다

밤이 깊도록 동백기름 바른 댕기머리 뒤에서
시집갈 고모를 한없이 부러워하면서
밤이 깊은 줄도 모르고

투박한 나비 붙여진 자동차 시트엔
기름기만 얼룩져
그리움만 방안 그득 피어난다

홍등紅燈

어슷한 창틈으로 새어든 햇살
한 올 한 올 엮고 익혀
태고적 붉은 욕망 끌어 올려
쫑긋쫑긋 번뇌의 기를 달았느냐
엷은 마디마디 속 생채기 키워
뜨거운 그리움으로 줄지어 홍등을 켜대고
속울음으로 겸손을 잉태해
낳을 듯 말 듯 벙긋거려 빛바랜
높은 사랑 앞에 낮은 사랑을 태우고 있느냐

여름 내내 메마른 유혹 삼키고
층층이 살찌운 나날
잊혀진 사랑의 심지에 아무도 모르게
불을 지피는 게발이*
빨간 후레야스커트 자락 치켜올린 넌
갈증 적시며 캉캉춤을 추면서

활활 타는 너에게

한 발도 움직일 수 없다

* 게발이 : 게발선인장

어떤 이

농익은 몸짓으로 다가선 봄
성큼 들어온 여린 햇살 질벅거려
뿌연 거울 요리조리 눈 맞춘다

상큼한 비누 세수
촉촉이 바른 기초화장
톡톡 두드려주고 문지르고 닦아내도
빈집 바람 지나듯
옛 모습 잃어버린 폐허처럼
수없이 되풀이되는 삶의 도돌이 속
솜털 보송한 귀밑머리 어느새
성근 흰 가닥 듬성듬성 자리잡고
안개 낀 속눈썹 이슬방울 매달리면
덧칠해대던 쭉정이 같은 입술로
어떤 이가 들여다본다

희미한 그림자로 어른거려
깊어만 가는 미로처럼
소리없이 멀어지는 0.2의 시력

퇴화된 내 안의 허물
맛깔스런 햇살 꽂는데
끝을 밀치고 어딜 갔을까.

바다에 쓰는 시

–크루즈에서

떠나는 연습 없어도
언제나 소리 없는 시작
푸르게 푸르게 둔부를 훑는다
암청색 푸른 갈비뼈
갈매기의 젖은 눈 품으면

가만가만 가자, 기억조차 망각한 채
예약된 언어로 누적된 포말들
물보라로 짙게 저장되어
"뉘를 데려 가냐"
"뉘를 두고 가냐"
항구마다 흘린 밀봉된 비밀
목젖 닳도록 밤새 앓아도
시 한 줄 밤바다에 띄우지 못했네
얼룩진 그늘만 허공에 매달아
조붓한 가슴에 그대를 또 묻어둔다

하늘길 깊은 갈림길 앞에
그림자 모로 누운 8만 톤의 스타크루즈
긴 발목 따라 물살 가르면
턱 밑까지 묽어진 바람의 잔 가지
바삐 동행한다

세월을 깁다

밤새 부르튼
훈훈한 모습
당신의 발광체에
먼지 털고 미싱 앞에 앉았습니다

치마꼬리 잡고 따라나서듯
당신 손길 따라갑니다
익숙한 잣대질, 익숙한 박음질로
고운 치마저고리가 방안에 너울거리면
구석에서 굴리던 부러운 눈

한 땀 한 땀 등 시린 시집살이
새벽닭 울음에 한의 매듭
당신의 넋, 잴 수 없는 깊은 강
이제야 알았습니다

세월을 기워 갔던
당신의 매듭 앞에

서투른 박음질
얼룩진 인생길 따라가다가
저만치 물리치고
오늘도
당신의 묵은 향기에 취하고 싶다

이젠 미리 말하지 마라

불그죽죽 물들여 놓고
꼬스름한 냄새로 그렇게 익어갔다

눈썹달에 노을 물리면
후딱 건너뛰어
어느 강기슭에 숨어들어
강물들이 사랑하는 걸 보고 싶다

숨 고르듯 키워온 시린 솜방망이
허기진 한낮의 목마름 풀어놓고
얽힌 실타래 비단실로 엮으면
부표 되는 자국들의 옹알
산안개 발부리 닳은 줄 모르고
오작교 난간에서 시작한 궁상떤 삶
이젠, 끝자락 낡은 자리 질기다
내 다 안다 사랑이란 걸

바다는 파도가 있다는 걸
미리 알려주지 않는다
후줄근한 어둠 두른 채
어디에 남은 그리움 내려놓을까

속살 터진 파도 흰 그림자 몰고 오는데
입덧하기 전
밤이슬에 별빛은 기울고

죄 닦음

—어머니 10 주기에

동백기름 냄새 그대롭니다
푸새 고운 모시옷 올올이
다리밋발 선 모습 그대롭니다

어머니이……
뜨뜻한 품속 그대롭니다
어젯밤 꿈에도
당신 앞에선 철부지 딸이 되었습니다

긴긴 세월 병마와 싸우면서도
속으로만 삭히신 고통과 고독의 성
내 자식에 묻혀 이웃처럼 비쳤던 세월
숨고 싶은 어리석음입니다

십 년이면 강산이 변한다 해도
아직도 당신은 가슴 깊이
살여울로 흐르고 있습니다

마음속에 날마다 크고 있는 그리움
든든한 버팀목입니다
큰 물살 잡을 힘도 생겼습니다

오늘
죄 빚어 꽃다발 안겨드립니다
조금이라도 죄 닦음이 될는지요

용서하소서
엄니
엄니……

詩밭

—주포에서

갈 곳을 헤매던 날바람
깃을 세우고 들어선 선술집
낡은 오디오에서 녹아내린다

잎이 피기도 전 고였던 한 줌의 세월
그리움 풀어낸 명주실 타래로
하얀 민들레 입술 적시고
주름진 세월 노릇노릇 구워낸다

시차가 없는 피지 않는 잔
돛단배 되어 샛강을 이루면
야윈 바닷가 마른 통통배
목쉰 갈매기 졸음 찍어 문 채
갈 길 바쁘다

잔 속에 스민 갯내음들
빙그르 빙그르 도는 주포항
들쭉거린 파도가 채근한다

"어이, 잔 들어"

주포항의 배들이
붉은 등燈을 건다

* 주포 : 전남 함평군에 있는 작은 포구.

눈발

휘몰이로
속살까지 말갛게 내보이는
저 가슴
잊혀지지 않는 어머니 가슴팍이다
세상을 다 품고 있는
저 고즈넉함
그 속엔 아무런 거짓이 없다
둘러칠 망설임도 없다

겉껍질까지 묻힌 마른 고독 위에
떠났던 그리움도
깊숙한 잊혀짐도
익숙한 연문으로
끝없는 문장을 다시 쓰지만
너무 깊어 보이지 않는다

나와 그대 어깨에 남아있는
몇 개의 문장

흩어진 눈발을 모으고 있다
또, 하나의 계절을 만들고 있다

차마

엷은 바람에도
한 가닥 남은 파란 심장으로
마른 가슴 적셔준 잎새들의 숨결이
실비로 내린다

누구든 옛날을 넣어둔 실비 속
칠팔월 무더위에 키웠던 텃자리 되어
여린 싹, 환생의 자리로
아낌없이 내어주고
바람 따라 발길 따라 뒤돌아본 여정

그러다가
서로서로 외로움 쪼개어
등을 대고 마지막 체온을 나누느라
제 몸 부서진 줄 모른다

지금도 뛰고 있을 한 가닥
이승의 못 이룬 바램들

그대 가슴을 밟을 것 같아
이대로 지나갈 수가 없구나

너무나 작은 세상

나 어릴 적
소나기 그친 후 짜투리 빗물 모여
하늘 궁전 길가에 세워졌습니다
하늘도 한 자 반
내 키도 한 자 반
햇살 타고 내려가면
손바닥에서 놀던 궁전 속

지금사 텅 빈 세월 하나 잡았습니다
늘그막에 너무 큰 세상이란 걸 알았습니다

3

아예 떠난다는 말은

만삭인 산허리 맞부벼 교감하고
바람도 나른해 손톱 하나 까딱하기 싫을 때
사립문 엮어 둘러치듯
토장국 배인 고향 텃밭 같은 칡꽃
너 그곳서 떠나면
머문 곳 낯설어 어디에 짐 내려놓을까

몇 백 년을 환생해야 할 훗날
애벌레 허물처럼
가벼워진 몸뚱이 싸매 들고
날 궂을라치면 지 몸 굴려 모래 묻힌 지렁이로
안개처럼 피어나
나 그곳서 잠시 잠깐
소녀적 부끄러움으로 망설이다가
보고플 때 덧칠한 그리움 한 사발
은근슬쩍 감춰들고

갈증 적시는 마파람으로 진종일 목소리 졸리면
떠나가는 뒷모습엔 향기롬 감아
하늘만 높이 높이 떠나가고 있다

새벽에는 그리로

연둣빛마냥 숙성해지는
새벽
안온한 두 볼 사이로 실오라기 걸치지 않은
여명

이슬들의 언어 귀밑에 매달릴 때
새벽의 깃 는개로 엮어
간지런 입맞춤 시작된다

어둠 사이로 자근거린 소리
눈 뜨지 않아도 보이는 건
귀 열지 않아도 들리는 건
다 안다
다 알아
아직 끊어내지 못한 인연의 끈
실눈 뜨는 새싹의 숨결로

그대 가까이 묻어두고
가슴 적시는 시로 엮어
한 겹씩 한 겹씩 쌓아놓고
따뜻한 발자국 곱게 엮어
선명한 모습으로 남는
새벽의 눈,
그런 눈을 보고 싶다
거기에서

샤트란볼루

–터키 민속촌에서

여정의 남은 조각
우스크다라 항구에 덜컹 떨구면
시끌벅적한 이방인의 언어들
꽃밭을 이뤄 물결을 탄다

삼백 년 사백 년 된 고옥들
대가족들의 숨결이 묻어있는 3층의 너와집
솥뚜껑 같은 대문 손잡이의 검은 때
만조 된 햇살의 조율 속
몽돌처럼 산뜻하다

흑해의 눈망울을 담은 히잡의 여인들
헌 광주리에서 너불대는 채소
지나가는 이들의 입맛을 돋군다
며칠 간의 잊혀진 음식 생각나
삐걱거리는 레스토랑엔 물담배를 문 인형

연기가 금방 얼굴에 닿을 것 같은
샤트란 볼루 볼루

골목마다
지중해 열기에 웃자란 민들레, 엉겅퀴

꽃들이 미소 지으며 다가와
이국 여행에 살짝 향수병이 들려 하는 내게
고향을 선물해 주네

어느 틈에 슬픈 소리가 선뜻 다가서는 듯

"조카놈이 보성 사는디 백만 원 싸게 해준다는데
내사 그렇게 비싼 수의 입고 찬 데서 어떻게 누워 있어
그저 맨몸인들 편히나 누워 있으면 해"

쭈그러진 난롯불에 다가서며 까끌해진 손등을 비비며
이 빠진 턱을 쓸어내리는 70대 노신사의 백발

윤달이라며 한 번은 가야만 할 길을
미리 해두면 더디 간다는 수의

저승길 환히 비치는 밀어내지 못한 세월
삼베 뭉치 뒤적거리는 시장 귀퉁이 삼베집
연일 훙청거린다

그래도 생전에 내 손으로 해놔야
너희들 힘이 덜 든다 하셨던 어머니

팔십을 훨씬 넘어 곱게 입고 가신 지도
벌써 몇 해가 지나도 아직 눈에 남아 환히 떠오른다
“윤달 수의 무병장수”
플래카드가 흩어진 목련잎에 젖어
가끔씩 슬픈 소리를 속으로 삭이고
흔들리고 있다

몰랐다 몰랐다

읍내 나들이 서투른 야생화 가족들
페인트 냄새 피한 베란다 귀퉁이
억센 손발 내려놓고
후미진 길목에 자리잡아
아침저녁 살가운 정 붙이려
인사 텄지

며칠간 멀리하다가
초췌한 모습
잘 익은 낮달이 눈맞추어도
맨발 벗은 생구름이 다독여도
눈길 피한다
이래저래
가두어진 마음 풀어주지 못해
입이 있어도 벙어리 되고
생의 잡풀에 엉켜

눈멀어 목마른 줄 몰랐다
어떻게 해줄까나
오늘도 저물도록 젖은 앞섶 물고
그리운 탯자리 찾나 몰라
미안해, 미안해
이 말만……

오동꽃 부케

저리도
심지를 세우고
보라색 꼬막손을 잡을까

오동꽃이 동네에 풀어지면
숯검정 얼룩진 가시내들
보라색 새가슴 부풀고

몇 겹의 타래로 동백꽃 엮어
읍내로 시집간 애둘이고모
"동백꽃이 진 지"
"동백꽃이 핀 지"
돌아앉아서 서늘해진
이마만 뒤척인다

반세기도 넘어버린
풋내 난 유년적 가시내들

짝 틀린 고무신 끌며
골목골목 발자국 구겨 넣던
저문 오동꽃 골목 두어 길
고목 된 울타리로
또 기약 없는 한 줄 시를 건네준다

꼭 이때쯤

발길 끊긴
골목마다 사근거리는 소리
질펀한 고샅길은
밤새 바람과 내통해서
동트기 전 몸풀어 낸다

눈썹에 잠 붙이고
무명실 꿰어 목걸이 만들어
누런 이 마주보던 얼굴
한입 문 떱뜨름한 눈빛 젖으면
어미 모양낸 젓떼기 감꽃 되어
배시시 내려다본 꽃자리
풋풋했던 순간의 추억들

이젠,
빈집 지킨 고목들
허기진 하루가 더 질기다

기웃대던 흰 그림자
언젠가 살 부빈 빈집 속으로
들어가기 바쁘다
감꽃이 필 때쯤이면……

이별만 키운다

—미조항에서

빗질한 갈매기 몇 놈 마른 등 긁어댄다
한세월 찍어댄 뱃머리
묶은 때 몸살 치다 아랫도리 휘청거린다

몸 풀린 녹슨 철선 쇳바람 가두고
검은 물잎 나르다 젖은 눈알 되어
닳고 닳아진 뱃고동 달래놓고
웃자란 비린 햇살 데리고
종종걸음 친다

섬들의 정분 담아온 멸치 상자
깊이 건져 왔던 속정까지 내려놓고
온몸 홀랑 벗고 가슴 들이댄다

마구 쏟아지는 기다림의 여유로
남은 체온까지 고루 나눠주고

이별을 묻은 채
어판장 손짓 속으로 이유 없이 들어간다

세월을 전세 낸 미조항
또 다른 사글세를 기다리며
미조彌助항은 미조美照항이 아니라면서
목쉰 갈매기 남은 깃털을 털어낸다

1분의 2인 즈음

바람통에서
며칠간 터널 속을 끼어 다니다
오십견 통증 보듬다 미련 없이 반납하고
얼떨결에 따귀 맞고
일찍 깨어난 동백꽃 젖멍울처럼
봉인된 뭆처럼 뻣뻣한 나무둥치가 된다

오뉴월 혓바닥 늘어지듯
헐거운 홑치마 아무리 올려도
선뜻한 문설주에 손가락 지문
서슬 퍼런 햇살에 힘 한 번 쓰지 못한다
종횡으로 달려든 제 잘난 맛에 홀려
손사래 칠 겨를도 없이
마지막 이 빠진 지퍼를 올린다

바람개비의 진실로
신접살림 늘어놓고

동문서답하는 까칠한 오후
감기는 날짜가 약이라는 진리에
손 안 탄 풋날짜 목덜미에 걸쳐

그려, 그려 끄덕여지는
대문짝에 버티는 '입춘대길'

뭐 그리 바빴당가

—성아 기일에

맨살로 익어간
하 많은 세월에
푸르기만 한 한 그루 나문데
삭히지 않은 반백 년의 그리움
그대로 돋아진 가슴더미

묵은 때 털다가
흔적을 더듬어
행여 정붙이 한 점 남아있을까
....
인생 100세인데
짧은 인연의 끈
그리 쉽게 놓았당가
너머 너머 질긴 숲길
그리 쉽게 털어부렀당가
누더기 된 어리석음만

지금껏 또아리 되어
긴 세월에 깊이도 꽂혀 있다

투정했던 속절음
삭히고 삭혀도
황톳길 얼룩진 그리움
차마 지울 수가 있을까

뭐 그리 바빴당가
비워진 성아 자리
누가 채워준당가
성아, 성아야

숨겨진 문장

뭣이라고
그대가
어떻게 생겼냐고 물으면
아직
근처에도 못 가봤다고
그러고도
그대가
어떤 색깔이냐고
묻고 또 물어도
아직 구별 못 했다고

가슴을 연
네거리 광고판
전광판의 신호가 바뀌면
수없이 기다린 짧은 지루함
썰물 되어 순간에 집착될 때
자동차에서 튕겨 나온 꽁초

마지막 순간의 몸부림으로
꽁무니에 급히 따라붙은 것들
그것이……
사랑이란 묘한 문장이라고?

씨 종자 詩 종자

계절을 묵혀버린
잡동사니 우거진 숲
저마다 씨알 하나 키우고 있다

긴 숙면의 기다림 속
생살 드러낼 즈음
묵은 때 벗기듯
어렵사리 배붙인 씨 종자
무단 외출의 자유로움 속
1950년대 U.S.A 제품 좋아하듯
불량품 안고 들어와
둥지를 튼다

과식의 괴로움
불어난 비만의 표징 앞에
묵혀진 종자

그래도

뾰쪽이 싹 틔울 채비 서두른

詩 종자

줄에서의 하루

흔들리듯
떨어질 듯
꿰지 않았어도
빚난 명주실 허공을 세우고
숨 막힌 안온함으로
고도孤島의 거미가 된다

바람이 불지 않아서
누가 재촉하지 않아서
영혼의 자유가 된다

때론
두려움도 여러 번 내려놓고
매달려 기다리는 긴장감
나긋나긋한 천 번의 여유로움
오로라 같은 찬란함도 잠시

창밖은 더욱 눈부신 햇살 속
서로 시작하고 짙어지는 망각으로
눈부신데
또다시 망초꽃이 된 집시

미안해, 미안해

조각난 햇살에
몸 던져 굴복하고
밤마다 아픈 소리 귀에 걸려
키 작은 다육식물로 물갈이 했다

추운 날씨에
여린 입술 부르틀까봐
햇살 따라 옮겨주고
날씨 변덕에 눈치만 보고 있는데
어느 날
갓 시집온 새악시처럼
이쁜 입술 귀썰미로 쫑긋
여기저기서 작은 입술 비벼댄다

그래, 추위 이겨내서 고맙다
미안하다, 미안해
얼었던 꼬막손

등덜미에 닿은 듯

아침 햇살 서늘하다

미소를 위하여

늘
바람의 속살로
한 올의 속살도 못 끼운 채
그리 쉽게 가슴을 비끼는가

허물을 두르고
세월 튼 그림자로
산비탈 내려앉을 때
그적 그곳에 서성이는가

흔적들 걸어갈 때
초야의 비릿함 거둬진 후
푸석한 네 빈자리에
철 늦은 미소쯤……
흘리는가

4

봉숭아

참빗살 가는 무늬
커튼 사이로
한 줄기 햇살 타고 내려와
가늘게 떨고 있다

신나 냄새 얼룩진 단풍 손에
몇 번이고 지우고 덧칠을 한다
부풀은 헌솜은
붉은 잎 따러
동네 바람 모퉁이 좇다가
깬 무릎
옥도정기 한 방울로 눈물을 막고
어느새 붉은 마음으로 다가선다

긴 여름밤
여린 닭벼슬 잎은

손바닥 다섯 피마자 잎으로 싸매고
무명실로 동여맨 오뚜기 같은
손가락 사이로
함박웃음꽃이 넘나들고
밤새 흐르는 숯덩이 국물로
선잠을 이루는 그 긴 밤이
이제사 물들지 않은 어리석음인 것을

뒤늦은 고백서

모처럼
덩달아 따라갔다가
면접시험 날 얼어버리듯
외발이 된 눈 깊이 앉혀놓고
쫓기는 심박수 콩당 콩당

전설의 고향처럼 흰 수염 덮은 도사 앞
죄인처럼 두 손 모으고
눈치만 따라다니다가
말 한마디에 계곡으로 떨어졌다가
나무 등걸 하나 잡고 한숨 쉴 때
다음 달 생활비가 목을 누르고 있었다

오금 저려 뒤도 안 돌아보고
헛디딘 노란 구름 위
얼마나 달더냐고 귓가에 붙은 야유
얇은 귀가 정적을 울린다

병원이 일과였던 어머니
곡자 허리 지팡이 되어
하늘 한 번 쳐다보았을 때
몇 번이나 택시로 편히 모셨던가
3천원의 기본요금이 목에 걸려
끝내 삼켜지지 않는
지금……
빨간 부적이 나풀거린다

불륜

—쌍계사에서

막 바랜 옥양목 상큼한 매무새로
새벽녘 이슬 보조개 빌려
늘어진 허리
금방 젖 뗀 솜털로
이우는 구름 되어
이별 두려워 한 올의 흠집도 밀어내고
서로를 쓸어주는 따박솔 사랑
휘모리장단으로 거듭 쳐도
떠날 곳을 미리 아는 속 깊은 여정

저장되지 않는 아나로그처럼
엉켜 좌초되는 순정의 끈
자진모리로 긴급 방출해서
몇 날 밤 하얗게 새우는
저지른 불륜 곤장 대신
풋내 나는 속정만 남기고

미련 없이 내보내야 한다
쌍계사 입구에서부터
휘모리장단은 어느 때고
몰아친다

말바우시장

뒷축 닳은 하이힐 궁둥이에서
구겨진 지폐가
물구나무를 선다

이 빠진 동전지갑은
헤헤거리고 배짱을 내민다

다듬고 고르고 추리고 떼어보고
뒤적이고 부풀게 하고 물 뿌리고 털고
분장에 몸살이 나 있다

구멍 뚫린 비닐 속에서
햇볕 피해 지친 넉살이
종일 시달린 얼굴로 눈치만 보는
저녁나절
"이거 떨이요"

흙손이 된 그녀 목소리 하나가
저자 거리를 나지막이 떠돈다

그 맛을 잊을 리야

한 줌의 햇살도 끼우지 못한 채
며칠 동안 얼음이 된 골목 장터
동태인지 얼음덩인지 한 몸 치켜들고
물 좋다고 먼저 온 수세미 같은 손

거무잡잡하고 제법 튼실한 놈
오천 원에 홍정한 두 마리 얹어놓고
날이 없는 작두에서 '탕탕'
세상의 미련 순식간에 토막난 자유스럼
하늘 향해 두 손 미리 내려놓은 의연함

살살 얼음 녹여 갖은 양념 다 했건만
누런 지푸라기 동여맨 뱃살 터진 동탯국
세월 가도 살아있는 어머니의 손맛에 비하랴
잘라서 버릴 것, 분별치 못한 세월
성에 어린 창가에 매달려
얼음 뒤척이며 결코 낯설지 않다고……

내 강아지야

—첫손자에게

창포빛 한 움큼
쏘옥 그대로
누가 건드릴까

오뉴월 풋앵두
상큼한 내음
아서, 흠집 생길라

넌
마른 가슴 적셔주는 샘물이구나

그, 1초의 언어

–검은 병동 앞에서

들린 듯 만 듯
영혼 없는 침대 속
손자국 거미줄 되어
찬 바람에 조여든 세월
고목의 유영으로 꼭 쥐고 있다

생의 한 가닥 가파른 기슭에 매달고
헌 옷 같은 헐거움으로
1초의 가장 빛나는 귓속의 언어로
시간을 붙들고 있다

언제든 비단실 엮어낸 이승의 여운
순간의 기척에도 너무 쉽다
이젠,
충직한 바다의 안내 없어도
더도 덜도 내려놓을 리 없기에

썰물 빠지듯 해거름 그늘로
황망히 돛을 거둔다
다급히 따라붙은
귀 밝은 나뭇잎들
줄을 선다

낯가림을 덜다

면경알 휘도록 빛나
가장 민낯이 고울 때도
한쪽 눈마저 마주치지 못함은
미련이 조금이라도 남아서가 아닙니다

짓무른 오월의 넋마저
뒷덜미까지 보내고서야 그대 다시 오려나
빗장 풀어 편히 오게끔
푸른 물 뚝뚝 길을 트면서
밤잠 설치는 날들을
미리 알리고자 함은 더욱 아닙니다

줄줄이 눌러쓴 화관
칡꽃 너줄대는 숲속 고샅길
첫 이슬 털어 꼬막걸음 띄워놓고
언제고 나붓해질 푸른 음표

털이 부숭숭한 휘어진 허리
보랏빛 귓속에 젖은 눈빛으로
긴 유랑의 낯가림을 덜어 줍니다

징검다리

그대
눈보라 두려움도 세워놓고
연우煙雨에 놀란 그림자로
몸져눕거들랑
나그네로 그냥 둘러보게나

그대에게 가는 길
혹여 젖어 나룻배 침몰하듯 자지러지면
뒤척이는 여유를 주게나

그러다가
달무리 마중 나온 노을처럼
붉은 웃음으로
그냥 그대로 가벼워지게나

그러다가
한세월 해거리하는 나무들처럼

낮은 바닥 속
말갛게 말갛게 세월 그리면
그때 가서 돌아보게나

외로움이 어떤 모습으로
건너왔는지를……

한 뼘의 행복

하여간
하루의 애무가
치자빛 너울로
또 시작되는

발목을 걷은 닮은 지문들
머리 밀며 물방울 뚝뚝
시도 때도 없이 문을 두드린다

깨금발로 키를 재어
깃을 꽂은 성근 연인들
저마다 다른 등불을 단다

밤새 부어오른 달무리로
목쉰 간절함이 듬뿍
열어젖힌 빗장이 쌓인 날것들
절이지 못해 더 무거워졌다고

들숨 날숨 견디지 못한 그림자로
또 그렇게 견뎌냈구나
지나간 결빙의 가장자리
한 뼘 가슴이 열리고

새는 뒤돌아보지 않는다

그래,
가보면 안다
새벽 놀 석류알로 깔릴 때쯤
아랫녘 마실 나간 실안개
마음 터놓은 가슴 너른 후박나무
아장스런 제비꽃과 외로움 터
사랑의 무늬를 그리는
깊은 숲에 가보면 안다
선잠 묻은 이슬로 갓 세수하고
풋내 나는 날갯짓으로
서툰 바람을 가를 때
연緣을 붙이는 소리 투드득, 투드득,
두꺼워지면
잡동사니 꽃과 바람은 종일
산뜻한 하객이 된다

숲에서 떠난 새는
뒤돌아볼 겨를이 없다
뜨거웠던 그리움은 떼어내고
묵은 미련에 발목 베지 않는다
제 발자국 세며 가는
새는
뒤돌아볼 겨를이 없다

여우비로 온 막차

–친구의 부고

잘 익은 햇살 간간이 졸고
비단 같은 구름, 퉁퉁 부은 바람도 졸 때
수직 회전하는 수화기의 반란
날이 서는 무한 통증
성근 어금니로 삭이고 있었다

(잘못 들었나)

이젠, 어느 낯선 곳에서
설익은 짐을 풀어
이승의 너울로 이방인의 발자국을 세고 있는지…

어느 여름날
독오른 햇살이 신우대 같은 빗살 엮을 때
우정을 나누고
스무 살 적 그 미소 그대로 간직하세나

지금쯤 긴 어둠을 익숙히 세고 있을
성질 급한 친구야
몇 번을 불러도 메아리 없는 사람아

할 말이 많아도
할 말이 없구나

흐린 날에도 고향길로 나선다

가끔은 폭풍우처럼 그리움이 밀려온다
까맣게 없어진 줄 알았는데
때로는 희미한 산안개처럼 사라지기도 하다가
세월 가도 둥지를 튼 마음속에
잔설 같은 황톳길 되어
언제고 나설 채비로
눅눅한 날에는 먼저 길을 나선다

분 칠해버린 시멘트길 닳아서 금이 가고
휑 비어버린 장승 같은 빈집들 사이로
손 닿을 듯 흐르는 또랑물
찔레꽃 꺾어 "찔룩찔룩" 놀려먹고
그믐달 같은 그리움들
목구멍에서 나오지 않는 깨복쟁이 친구

날마다 꿈길에서도 헤매는 길
앞산 따박솔 푸르러도……

人生

툭!

터질 것 같은 마알간 연홍색 입술

터널 같은 긴 껍질 벗더니

부르튼 입술로

마른 세월 축이네

감꽃이 필 때면

이맘때쯤
고샅길로 먼저 달려 나간다
골목 골목 쏟아지는 구슬밭으로

화려한 꽃 입술 끝날 때쯤
여린 새 입술처럼
쫑긋 내밀어 수줍은 것들
밤새 우수수 몸 풀어내면
무명실에 꿰어 목걸이 만들어
누가 예쁘나 맞대보던
이끼 낀 돌담길 골목 안
한두 개 입에 물고
떱뜨름한 입술 마주하던 시절

지금쯤 고목 되어 빈집 지키며
동네 어귀만 종일 바라보다가

해 저문 날

오는 사람 가는 사람 헤어봐도

발길 끊긴 하루가 길다

풍경

나와 눈 맞춰 주세요, 새 식구 생겼어요
구석구석 웅얼거리는 아침의 문 소란하다

모태 이별을 하고
옹색한 아파트 베란다엔
국적 불문 다국적마을을 이룬 다육종
날마다 식구 늘리는 재미
터줏대감들도 비켜선다

셋방살이 할 때 아이들이 많다고
두 꼬맹이 숨겨 놓은 시절 엊그제 같건만
젖은 빨래 깨금발로 걸쳐놓고 더운 여름 숨가쁘고
추운 겨울 마음졸여 목마를 때
최선의 아부로 목 축여 주고
전화벨 소리도 반납해버린 한나절 풍경
자꾸만 익어간다.

5

긴 문장의 내력

백양사 쉼 머리
고운 치맛살로
아랫돌부터 감싸더니
서열 없이 몰려온
음표들
음표들…
작은 부싯돌 모닥불로
백암산 허리 둘러맸네

젖내 나는 어린 단풍
발가락 사이사이
길손들 이름 적어
곱게 삭힌 문장들
고을 밖까지 두터워지네

잊혔던 그리움 한켠에 숨겨
그대에게 가는 길

붉게 밝혀진 한 줄의 시
성근 어금니 속
문장만 길어 가네

옛이야기 3

－접시꽃에게

밤을 씻긴 여명으로 남아
밤새 담가둔 잘 불린 등줄
겹겹이 켜 둔 등
온몸 숨겨둔 이별 밝히려
또록또록 서열을 가리고 있다

이른 햇살 귀밑 탱탱한 그리움으로
방황의 길을 끝낸 떠돌이 바람
그리 쉽게도 읍하나 본데

배롱나무 자잘한 꽃등
마당귀에 깊숙이도 물려
누구든 읽어내기 힘든데
엷은 햇살 촉촉해진 고요로
담 넘어 쉽게도 넘나든 데
이제,

치마폭 사이로 해가 들면
등마다 옷을 벗고
줄줄이 말리고
바람은 잔 구름만 탓한다.

늦된 바보

여느 노랫말처럼
모래알 같은 많은 인연 중에
언제든 본 적 없는 낯선 이와
영화 몇 편 보고
한적한 빵집에서
소박한 꿈 보리차에 적시고
단칸방에 둥지를 틀었지

서로 바빠 신혼의 낭만 얹혀놓고
부모님 눈치 보며 삶을 엮을 때
아장아장 식구는 늘어
느린 세월 바쁜 하루로
날마다 피어나는 산꽃들
정성껏 가꾸었지
꽃이 피면서 비바람에
심한 몸살도 앓았지

어느 틈에
제 짝 찾아 떠나고
하루가 다른 흰 그림자
이제사
가슴으로 맞아야 하는
늦된 바보

아직도 모르네

소한 집이 더 추운 날
귀밑까지 얼은 손발
젖가슴에 묻은 햇살도 새파랗다

키 작은 다육종 몸 부비어
웅크리고 손발 숨기고 있다

추위를 어떻게 견디냐고 물으면
눈시울 껌벅이고 얼어서 비틀어진 입술
"파르르 파르르"
고개 이리 들고 저리 들고
동상 든 발가락만 꼼지락거린다

아직도
귀가 깊숙이 들어가버린 날
애절한 한마디도 알아듣지 못한다

따뜻한 고향길 생각나
점점 익어가는 햇빛만
두 눈이 벌겋다

네 것이 네 것이고 내 것이 네 것인겨?

—치과에서

밤새 귓불까지 부어올라
붉은 초승달 무리로
두 손 붙들고 동행한다

하,
오늘은 어떤 공사를 하려나
“쬐금 따끔해요”
“괜찮아요”
내가 아이 넷을 낳았는데……
드릴로 골골마다 쑤셔놓고
송곳보다 약한 것이 힘도 좋다

자,
“침 뱉어보세요”
비릿한 선혈 쭈뼛해진 머릿골
잡상인 단속 횡포처럼
쉽게도 영토 확장이다

그려,
'이는 오복 중의 하나인겨'

"일주일 후에 오세요"
사흘에서 일주일로 휴전해준 고마움
만취된 둔부
서서히 제 정신을 가르고 있다.

그해, 여름

언제고
견뎌낸 푸른 뼈의 노란 동맥
바오팝나무 머리숱 되어
목줄기까지 붉어진 항구의 민낯으로
밤마다 어린 섬들의 이별 키워
바다에 떼어놓고
썰물처럼 빠져나간다

밤새 불린 바위의 나신
솜털 같은 생채기를 담가놓고도
마음 튼 그리움 하나 달지 못한다
부릅뜬 채 달궈진 뼈,
함몰된 석양을 낳고
작은 뼈대 곳곳에 배설한 흔적들
만질 수도, 다가갈 수도 없어
일 년의 기약에 묵언할 뿐

아무도 그에게 말을 트지 못한다
그러다가
어둠이 데려온 평정 앞에
투명한 동행이 또 시작된다
언제나처럼,

그러고 싶을레라

귀 밝은 낮달이
정수리에 꽂혀
흰 당포 꽃 발꿈치를 포개고 있다

마른 옹이 가닥가닥
손사래 친 속치마 걸어 올려
긴 추위 넉살로
뿌리 내리지 못해
밑돌다 울대만 올렸던가

덜덜 떠는 놈
詩 한 편 녹여놨다가
정갈히 곱게 다듬어
눈 속에 올라선 복수초 설은 미소로
어린 시절 숙제처럼
야무진 '검' 자 도장 받을레라

촉촉해진 참빛 햇살
깊숙한 잠을 털고
서둘러 담을 쪼는
입춘 즈음에……

멀미는 계속된다

할 말이 없어진 지 오래

가까이 있으면
말 트지 않아도 향기 두어 방울
마른 웅덩이 물 차듯 고이련만

사라진 버스 뒤꽁무니
기약 없는 아쉬움 달고
몇 날 며칠 뜨내기로
장돌뱅이 놀이 하다가
처음인 양 오만 같은 아부가 자라고

언제라도 귀퉁이 털어낼
시詩 조각 하나쯤
느닷없이 열리는 자궁처럼 "쿵"
불거지면

서서히 풀리는 멸미
어떤 대궁을 피울려나……

초대

휑한 구석 구석
묵은 이야기처럼
뜨겁고 질긴 사연
서로 부대껴 모서리 닳은 것들
자리 부침 못한 모양생이 없는 것
비껴도 자릴 피한 것들

이곳저곳 공존하는 침묵의 꼬리
어떤 흔들림에도 부동의 완벽성
오늘은 기어이 숨을 트인다
손님을 초대하는 날이다

세밀한 기계 조립하듯
치우고 털고 닦고 어른다
곳곳에 또아리 튼 터줏대감들
그들의 사연에
고개 숙여 사정한다

해가 거듭될수록

더 낮은 자세의 삶이라고

고백해야 한다.

“임대 문의”

교차로 배기통은
수많은 헛기침을 토해낸다
맥 풀린 누런 종잇조각
심호흡법으로 자리를 버티고 있다
“임대 문의”
비바람도 보내고
가슴 따슨 날 그리며
네 글자는 서로 체온을 나누고 있다
이따금,
아이들 손장난에 간지럼도 타고
느닷없이 얻어맞으면서도
푸르르 간 하늘에 눈을 꽂는다

새댁 같은 분홍빛 미소로
오뎅, 떡볶이, 라면
글자 위에 김이 나는 미소까지 담아내던 손길
그는 언제부턴가 지병을 앓고 있다는

폐품 할머니의 조언 속
가게 문은 오늘도 손을 펴지 못해
겨울을 두려워하고 있다.

저. 저.

—무안 회산 연꽃지에서

가없는 날씨에도
해체된 민낯의 헐렁함
일찍 세월 익힌 이웃들에게
꼿꼿이 세상 사는 법을 익히고 있구나

천둥 번개 친 날도
가장 낮은 밑동에서
몇 날 며칠 밤을 새워
조서를 썼더냐

대를 아우는 법
수려한 입술로 옷매무새 고치고
밤마다 펌프질 목마른 향기 품어
우뚝 서라 하거늘
그대, 그렇게 차별 없는
짧은 문장을 쓰느냐

얇은 바람에 눈물 뚝뚝 떨구어
낯가림 없이 고루 채우려
종일 발꿈치를 들고 있구나
하늘은 자꾸 비껴가는데……

가을 엽서

산 접동새
목울음 깊어지면
수취인이 없어도
골골 찾아간다

여름 내내 다정한 포옹으로
팔랑거린 속옷까지 벗어주고도
붉은 알몸을 꿈꾸며
짙은 풀 내음 버릴 채비 바쁘다

기다림이 없어도
어찌 그리 때를 알고
푸른 가슴 곱게 절여
떠돌이 시린 등에도
그대 향기로 입술 고와지면
급한 마음 맨발로 달려나가
손도장이라도 찍으리라

발신인이 없어
반송할 수도 없는 붉은 엽서들
그리움 한 점 젖어들라나……

칠월의 노래

–칡꽃이 피면

바짝
약오른 오뉴월 밀어낸
솔밭 오솔길
면경알 휘도록
빛난 햇살 사이로
손 내민 어린 꼬막손

하늘에 닿은 보랏빛 영혼
힘찬 깨금발로
산뜻한 치맛자락 젖히고
짙어만 가는 보랏빛 입술
낯가림 모르는 유랑의 길

행여
멀리 떠난 어릴 적 소꿉친구
어디서 바래진 칡꽃 향기
그리워할려나 몰라

앞서거니 뒤서거니
긴 행렬에 만삭 되어 간 칠월
초록 바다가 출렁거린다

쓰다 만 새 역사

삼십 년이 넘게 한곳에서
먼지 뒤집어쓰고 묵묵히 식구들의
역사를 차곡차곡 모으고 있는
바꿈의 순간을 기다린 쇼파
오늘, 기어이 역사를 바꿔볼 양
동네 허술한 가구 거리
길 양쪽에 늘어선 싱싱한 나물 거리
서로 눈빛 교환으로
한가한 시간을 보내고 있다
엊저녁 마른반찬에 목이 타
촉촉한 채소에 먼저 눈이 꽂힌다
덤을 얹어 수북이 쌓아
넉넉한 인심까지 담아낸다
지나다가 눈여겨보았던 가구점
한가한 시간을 떠밀고 있다
기웃거리다

오뉴월 푸른색으로 조각된 고급스런 쇼파
살짝 등을 기댄 채
이쪽 끝부터 식구들의 이야기
행렬이 피어난다
유명 메이커가 아니어도
세상 이야기 풀어낸 풋풋했던 시절
아이들 숨결과 때 묻은 손자국
뜯기고 기울었어도 마음 편한
허물없는 오랜 식구로
졸음까지 쉽게 데려온 시간
차마, 깎아달라는 말 머뭇거리는데
시든 푸성귀가 가볍게 부축인다
그냥, 돌린 발길은
오늘도 새 역사 창조를 밀어낸다

선운사

이제야
푸른 물 내려놓은 줄 알고
급히 갔었네
피켓을 든 홍등군단
달군 물에 뜨거운 줄 모르고
몸 풀어 정분 나누고 있었네
낙엽 몇 잎
물섶 자락에 들뜨고
타오른 제 몸 상처
곱게 곱게 태우고 있었네

속울음 귀에 걸려 등 돌리면
창백한 낮달 푸른 입술까지
붉게 적셔놓고
물고랑 곱게도 짙어지는 길
뜬구름도 혼자서 붉어지는 길

✍ 마치면서

명주실 같은 바람에도
입을 여는 마른 바람
두엄 쌓듯 몸짓 부푼
편편의 조각들

어제가 오늘 같은
흩어져 버린 부유로
아련히 맴돌고
평정된 파문의 여운으로
가볍게 표류하는
세월의 영혼

이젠,
썰물 같은 그리움도
모두 다 내려놓고
마지막 항구의 깃발 찾아
일몰이 되기 전

빈 배로

나, 거기 서 있었네